»Books are different«

Das britische Kartellgericht in seiner Entscheidung
über Buch-Preisbindung am 30. Oktober 1962

D1673482

Dieter Wallenfels, Jahrgang 1934, wuchs in Berlin auf. Jura-Studium in Marburg und Frankfurt. Seit 1965 ist Dieter Wallenfels Mitglied des Anwaltsbüros Franzen in Wiesbaden. Diese Kanzlei fungiert als Preisbindungstreuhänder des Buchhandels. Dieter Wallenfels ist u. a. auch Justitiar des Hessischen Verleger- und Buchhändlerverbandes e. V.

Dieter Wallenfels

Das Büchlein der Bücher oder Warum ich preisgebunden bin

Eichborn Verlag

BEIM BUCHHÄNDLER:
»Ich möchte gerne ›Dr. Chicago‹ von
Pastor Schisternak.« Der Kunde fühl-
te sich mit ›Dr. Schiwago‹ von Boris
Pasternak gut bedient.

CIP-Kurztitelaufnahme der Deutschen Bibliothek
Wallenfels, Dieter:
Das Büchlein der Bücher oder warum ich preisgebunden bin /
Dieter Wallenfels. – Frankfurt (Main):
Eichborn-Verlag, 1982.
  ISBN 3-8218-1918-9

© an den Zeichnungen von Wolter: Börsenblatt für den Deutschen Buchhandel, Frankfurt am Main · © an den Beiträgen von J.
Lindon und Klaus Wagenbach: Verlag Klaus Wagenbach, Berlin.
© für diese Ausgabe: Vito von Eichborn GmbH & Co. Verlag KG,
Frankfurt am Main, 1982 · Umschlaggestaltung: Wolfgang Pfan-
kuch · Gesamtherstellung: Fuldaer Verlagsanstalt GmbH · Prin-
ted in Germany 1982 · ISBN 3-8218-1918-9 · Verlagsverzeichnis
durch: Eichborn Verlag, D-6000 Frankfurt 70

Inhalt

»Und die haben Sie alle echt gelesen? Ohne Video? Richtig von Hand?«

»Warum ich preisgebunden bin«

Wie kam es zur Preisbindung?

Bücher haben feste Preise; nicht nur bei uns und in den anderen deutschsprachigen Ländern, sondern auch z.B. in Frankreich und England. Die Preisbindung für Verlagserzeugnisse hat eine alte Tradition. Sie gibt es schon seit nahezu 100 Jahren. Die unterschiedlichsten politischen und wirtschaftlichen Systeme in dieser Zeit hat sie unbeschadet überstanden: das Kaiserreich, die Weimarer Republik, die NS-Zeit und die ersten Jahrzehnte der Bundesrepublik.

In der zweiten Hälfte des vergangenen Jahrhunderts hatten die Sortiments-Buchhändler in der Provinz einen schweren Stand gegenüber den in den Buchhandelszentren Berlin

und Leipzig ansässigen Buchhändlern. Diese konnten wegen ihres
Standortvorteils den Kunden erhebliche Nachlässe auf den Ladenpreis
einräumen und hatten dadurch einen
wichtigen Wettbewerbsvorsprung
gegenüber den anderen Buchhändlern, die mit hohen Frachtkosten und
Spesen belastet waren.

Der 1825 gegründete Börsenverein
der deutschen Buchhändler, in dem
sich die Verlage und Sortiments-Fir-
men zusammengefunden hatten, bot
die Möglichkeit, durch eine Rege-
lung in der Vereinssatzung die Mit-
glieder zu verpflichten, die von den
Verlagen festgesetzten Ladenpreise
einzuhalten. Die außerordentliche
Hauptversammlung des Börsenvereins in Frankfurt am 25. September
1887 faßte mit überwältigender
Mehrheit der Verleger und Sortiments-Buchhändler einen entspre-

chenden Beschluß, der nach dem damaligen Börsenvereinsvorsteher Adolf Kröner als Kröner'sche Reform bezeichnet wurde und bis in die 50er Jahre Grundlage für die Preisbindung für Verlagserzeugnisse blieb.

Was bedeutet Preisbindung?

Jedes Buch, für das die Verlage Ladenpreise festgesetzt haben, ist überall in der Bundesrepublik zum gleichen Preis zu erwerben. Die Verlage, die ihre Preise binden, verpflichten alle von ihnen belieferten Buchhändler, an Endabnehmer nur zu den gebundenen Ladenpreisen zu liefern (Preisbindung der letzten Hand). Zur Zeit binden etwa 1300 Verlage ihre Preise. 90% der in der Bundesrepublik erhältlichen Bücher unterliegen der Preisbindung. Preisnachlässe sind nur dann zulässig, wenn die Verlage sie in ihren Preisbindungsverträgen dem Buchhandel ausdrücklich gestattet haben: Traditionsgemäß dürfen Büchereien Preisnachlässe zwischen 5% und 10% erhalten. Auch der von manchen Verlagen gestattete Nachlaß von 20% auf Hörerscheine für Hörer von Hochschullehrern auf deren Bücher entspricht buchhändlerischer Tradition. Die Besonderheiten des Schulbuchgeschäfts kommen in den Nachlaß-Staffeln bei Sammelbestellungen von Schulbüchern durch die öffentliche Hand im Rahmen gesetzlicher Lernmittelfreiheit zum Ausdruck. Buchhändlerischer Tradition entsprechen auch eine Reihe von Sonderpreisen, etwa der Subskriptionspreis oder der Mengenpreis, die für den Buchhändler ebenso verbindlich festgelegt sind wie Einzelverkaufsladenpreise.

Welche Rechtsgrundlage hat die Preisbindung heute?

Das Gesetz gegen Wettbewerbsbeschränkungen, kurz Kartellgesetz genannt, verbietet in § 15 grundsätzlich Unternehmen, ihre Abnehmer zu verpflichten, bei der Weiterveräußerung ihrer Erzeugnisse bestimmte Preise einzuhalten. Verlagserzeugnisse sind jedoch nach § 16 GWB vom prinzipiellen Verbot der vertikalen Preisbindung ausdrücklich ausgenommen. Verlagserzeugnisse im Sinne des GWB sind die Werke der Literatur, Tonkunst, Kunst und Fotografie, die aufgrund verlegerischer Tätigkeit hergestellt und vervielfältigt sind, insbesondere grafisch, fotografisch oder fotomechanisch. Dazu gehören Bücher, Zeitschriften, Zeitungen, Kunstblätter, Kalender, Landkarten und Globen, nicht aber z. B.

Der zweite Bildungsweg

Schallplatten, Tonbänder, Musikkassetten und Videobänder. Der Gesetzgeber begründet die Ausnahme vom Verbot der Preisbindung damit, aus kulturpolitischen Gründen solle »das seit Jahrzehnten in Deutschland und mit gewissen Abweichungen in den meisten Kulturstaaten eingeführte System des festen Ladenpreises beim Buchhandel zugelassen« werden:

»Es ist mit dem Gesamtsystem des buchhändlerischen Vertriebs- und Abrechnungsvorganges, mit der Erhaltung eines gut ausgebildeten Sortimenter-Standes fest verknüpft, so daß Eingriffe nicht ohne Schädigung für Autor, Verleger und Sortimenter bleiben würden.«

So nachzulesen in den Protokollen des Deutschen Bundestages im Jahre 1958. Allerdings setzt das Kartellgesetz der vertikalen Preisbindung für Verlagserzeugnisse Schranken: Nach § 17 kann das Bundeskartellamt die Preisbindung aufheben, wenn sie mißbräuchlich gehandhabt wird, etwa weil die Verlage die Einhaltung der Preisbindung nicht hinreichend überwachen oder wenn sie verteuernde Wirkung hat.

Der vom Kartellgesetz vorgeschriebene Weg zur Einführung der Preisbindung ist mühsam: Nach § 34 GWB müssen die Verlage und ihre Buchhändler-Kunden handschriftlich Preisbindungsverträge unterzeichnen. Nur dann ist die Preisbindung wirksam. Der Aufwand einer solchen Bindung ist groß. Zur technischen Vereinfachung des Ganzen haben sich – mit Billigung des Bundeskartellamts – die preisbindenden Verlage einem sog. Sammelrevers angeschlossen, mit dem sie über ein Wiesbadener

Anwaltsbüro als Treuhänder die Preisbindung eingeführt haben. Es handelt sich hierbei um ein Vertragsformular, in dem die preisbindenden Verlage und der wesentliche Inhalt der Preisbindungsverträge festgehalten sind. Das Sammelrevers-System bildet seit 1966 die Grundlage der Preisbindung im Buchhandel. Seine Rechtswirksamkeit ist vom Bundeskartellamt und von den Gerichten, auch vom Bundesgerichtshof, bestätigt worden.

Wozu Preisbindung?

Was sind die kulturpolitischen Gründe, die den Deutschen Bundestag bewogen haben, den Verlagen zu erlauben, auch dann noch den Preiswettbewerb auszuschließen, als die bis dahin ebenfalls zulässige Preisbindung für Markenwaren durch Änderung des GWB zum 1. Januar 1974 beseitigt wurde? Wem dient die Preisbindung? Den Buchhändlern, den Verlagen, den Autoren, den Lesern?

Zunächst einmal dient sie dem Buchhandel selbst:

Es gibt zur Zeit rund 7000 Firmen des herstellenden und verbreitenden Buchhandels in der Bundesrepublik, die einem buchhändlerischen Verband angehören, und darüber hinaus viele tausend andere Unternehmen, in denen auch Bücher angeboten werden. Das buchhändlerische Vertriebsnetz in der Bundesrepublik ist in seiner Dichte einzigartig in der ganzen Welt. Auch die Leistungen des Buchhandels sind einzigartig: zumeist große Lager, Lieferung jedes nicht am Lager befindlichen Titels üblicherweise binnen 24 Stunden, sachkundige Beratung und bibliographische Dienstleistungen. Häufig, zumal in kleinen Orten, ist die Buchhandlung auch Mittelpunkt des kulturellen Lebens.

All dies wäre ohne Preisbindung, die gerade den kleinen Firmen des Buchhandels hilft, ihre Existenz zu sichern, nicht denkbar. So ist Preisbindung ein wichtiges Instrument der Mittelstandspolitik gegen zunehmende Konzentration, zur Erhaltung von Arbeitsplätzen. Es wäre auch nicht denkbar, daß die Verlage ohne Preisbindung in der Lage wären, jährlich rund 60 000 Titel in Erst- und Neuauflage auf den Markt zu bringen, wie dies 1981 geschah, und zwar zu 90% Bücher, die der Bildung und geistigen Diskussion dienen und nicht etwa bloße Unterhaltungsliteratur sind. Die Preisbindung garantiert dem Buchhandel feste Handelsspannen, schützt ihn davor, daß etwa Handelsketten oder Kaufhäuser Bestseller und andere gängige Literatur zu Niedrigpreisen anbieten, vielleicht in der Absicht, damit Käufer für andere, normal kalkulierte Produkte in ihre Häuser zu locken und ihm damit Kunden zu entziehen. Der Buchhandel ist auf den Verkauf solcher Bücher als Brotartikel angewiesen, damit er sein Lager finanzieren kann, in dem sich die schwerer verkäuflichen Titel befinden, Bücher unbekannter Autoren, anspruchsvolle Literatur, für die es nur einen beschränkten Kreis von Interessenten gibt.

Die Preisbindung nützt auch den Autoren: Die Bestseller-Autoren hätten auch sicher weiterhin keine Schwierigkeit, einen Verleger für ihre Bücher zu finden; aber viele andere würden ihre Arbeit nicht mehr veröffentlichen können: die unbekannten Autoren, die Lyriker, die Anspruchsvollen, die Außenseiter und die, die sich an Minderheiten wenden. In einer für den Buchhandel durch ungehemmten Preiswettbewerb wirtschaftlich schwierigen Lage würden die Verlage die kommerzielle Seite ihres Berufes stärker betonen müssen, was das Verlagsprogramm erheblich verändern würde. Die Preisbindung hilft, die Meinungsfreiheit zu erhalten. Die Preisbindung gewährleistet den Autoren, Verlage zu finden, die ihnen die Möglichkeit geben, sich in ihren Büchern frei zu äußern. Sie gewährleistet den Erhalt eines Vertriebs-Systems, das ihnen die Leser vermittelt, zu denen sie sprechen wollen. Die Preisbindung schützt also intellektuelle Freiheit.

Vor allem aber nützt die Preisbindung dem Käufer von Büchern, den Bibliotheken, den Lesern. Sie haben den Vorteil eines breiten, vielgefächerten Angebots an Büchern. Sie

»Schau an, die Literatur hat aber doch enorme Fortschritte gemacht seit Moses!«

können auswählen unter 300 000 zur Zeit lieferbaren Titeln. Sie finden auch in den kleinen Orten mindestens eine Buchhandlung, von Bundeskanzler Schmidt als »geistige Tankstellen« bezeichnet, in der sie das gewünschte Buch erwerben können. Wenn es nicht auf Lager sein sollte, wird es ihnen der Buchhändler kostenlos in kürzester Frist besorgen.

Macht die Preisbindung die Bücher teuer?

Es könnte sein, daß manche Bücher, so Bestseller und anderes Leichtverkäufliche, in manchen Geschäften billiger zu haben wären, wenn die Preise nicht gebunden würden. Die meisten Bücher aber würden teurer. Die Verlage würden bei der Bemessung der Auflagenhöhe vorsichtiger disponieren. Dadurch würde der

Herstellungsaufwand größer. Das Sortiment wiederum würde zu vorsichtiger Lagerhaltung und zurückhaltender Bestellung veranlaßt. Bisher können die Buchhändler auch die schwerverkäufliche Literatur zu verhältnismäßig niedrigen Preisen verkaufen, weil im Rahmen einer Mischkalkulation die Brotartikel mit günstiger Rendite den Verkauf solcher Literatur mitfinanzieren. Verliert er das Geschäft mit den Bestsellern aber an Handelsketten oder Kaufhäuser, die wegen ihrer Abnahme großer Mengen und des Fehlens buchhändlerischer Dienstleistungen günstiger kalkulieren und deshalb billiger anbieten können, braucht der Buchhandel bei den anderen Büchern, die wegen der kleineren Auflagen ohnehin verteuert sind, eine höhere Handelsspanne. Das Ergebnis wäre, daß der Kunde für schätzungsweise 90% der angebotenen Titel höhere Preise als bisher bezahlen müßte. Auch müßte der Buchhandel viele der bisher kostenlosen Dienstleistungen in Rechnung stellen, etwa die Besorgung nicht vorrätiger Titel und die Zusammenstellung von Angeboten.

Dies ist nun nicht etwa bloße Spekulation, unbelegte Vermutung, sondern ein durch Erfahrungen in Ländern ohne Preisbindung abgesichertes Ergebnis:

In Schweden, wo die Preisbindung 1970 abgeschafft wurde, sind die Buchpreise z. B. von 1978 bis 1981 um 55% gestiegen, sehr viel höher als etwa die für Lebensmittel (39%) oder Textilwaren (19%). Die Zahl der Buchhandlungen hat sich in der preisbindungslosen Zeit um die Hälfte vermindert, die Neuerscheinungen von Büchern sind stark zurückgegangen, der Staat subventioniert mit hohen Summen die Herstellung wichtiger Bücher. Die Erfahrungen sind so negativ, daß bereits eine Gesetzesvorlage im Schwedischen Reichstag zur Wiedereinführung der Preisbindung eingebracht wurde.

In Frankreich ist die Preisbindung wegen der verheerenden Folgen ihrer Abschaffung für Buchhandel und Leser ab 1. Januar 1982 wiedereingeführt worden. Zwar waren ohne Preisbindung einige für das Massenpublikum bestimmte Bücher billiger zu haben, aber die schwerer verkäuflichen Titel wurden teurer angeboten. Die Veröffentlichung wichtiger Bücher war stark behindert, gute Literatur war in den Buchhandlungen sehr viel weniger präsent als Markenware. Der Umsatz des Sortiments-Buchhandels sank, die Diskontgeschäfte und großen Einkaufszentren profi-

»Wie Mao an einer Stelle einmal richtig schrieb: Erst im praktischen Gebrauch erweist sich der Sinn aller Theorie!«

tierten von der Freigabe der Preise. Um dem Niedergang des literarischen Niveaus Einhalt zu gebieten und einer grundlegenden Strukturwandlung bei dem Vertrieb von Büchern zu Lasten literarischer Qualität und der Auswahlmöglichkeit für das Publikum entgegenzuwirken, gehörte es zu den ersten Gesetzesmaßnahmen der Regierung Mitterand, die Preisbindung wiedereinzuführen.

Die kühl abwägenden Richter des britischen Kartellgerichts kamen in ihrer berühmt gewordenen Entscheidung vom 30. Oktober 1962 zum Netbook Agreement, dem englischen Preisbindungs-System, zu dem Ergebnis:

»Books are different«, weil sie in doppelter Hinsicht unvergleichbar seien: Zwei literarische Werke seien niemals vergleichbar, wie man dies etwa von zwei Orangen oder Eiern sagen könne. Zum anderen brächten Herstellung und Absatz von Büchern Probleme mit sich, die völlig verschieden seien von denen, die mit den meisten anderen Waren verbunden seien. Das Gericht verwies auf die Buchhandelssituation in Kanada, wo es keine Preisbindung gibt, wo Warenhäuser und Supermärkte in gezielten Aktionen die Listenpreise vor allem von Bestsellern unterbieten, um Kunden in den Laden zu ziehen. Die Folge war dort: Der Buchhandel bestellte vorsichtiger, erzwang bei den Verlagen höhere Handelsspannen; dies führte zu höheren Buchpreisen bei geringerem literarischem Angebot in weniger Buchhandlungen mit reduzierter Lagerhaltung. Für England sah das Gericht bei einem Wegfall der Preisbindung die gleiche Entwicklung zum Nachteil des lesenden Publikums voraus:

a) weniger und nicht so gut ausgestattete lagerhaltende Buchhandlungen,
b) teurere Bücher,
c) weniger veröffentlichte Titel.

Die rechtliche Folgerung der Richter hieraus: Die Preisbindung im Buchhandel läuft dem öffentlichen Interesse nicht zuwider.

Auch das Europäische Parlament in Straßburg hat im Februar 1981 in einer einmütigen Entschließung ein entschiedenes Bekenntnis zur Preisbindung im Buchhandel abgelegt und die Sonderstellung des Buches als Kulturgut hervorgehoben, für das nicht nur wirtschaftliche Kriterien gelten dürfen. Die kulturelle Identität Europas, so heißt es in der Entschließung, könne in ihrer Mannigfaltigkeit wesentlich gefährdet werden, wenn Bücher den Marktkräften uneingeschränkt ausgesetzt würden.

Wer ist gegen die Preisbindung?

Bei einem Vergleich der Situation in Ländern mit und ohne Preisbindung für Bücher werden die Vorzüge der Preisbindung so deutlich, daß es nicht überrascht, daß es zur Zeit keine nennenswerten Widerstände gegen die Preisbindung im Buchhandel gibt. Man erinnere sich, wie leidenschaftlich seinerzeit die Preisbindung für Markenartikel von Handelsketten, Verbraucherverbänden und Gewerkschaften bekämpft wurde. Über die Notwendigkeit der Erhaltung der Preisbindung im Buchhandel, vor allem aus kulturpolitischen Gründen, sind sich der Buchhandel in all seinen Sparten, die Politiker aller Parteien, die Gerichte, die sich mit Verletzungen der Preisbindung zu beschäftigen haben, sogar die Kartellbehörden als Hüter des Wett-

bewerbs einig. Die Preisbindung kann sich als Insel im Meer der Marktwirtschaft aber nur dann behaupten, wenn sie auch konsequent praktiziert und lückenlos gehandhabt wird. Dies fällt dem Buchhandel nicht immer leicht, weil er sich häufig dem Druck seiner Kunden ausgesetzt sieht, Preisnachlässe einzuräumen, die er nach den bestehenden Preisbindungsverträgen nicht einräumen darf. Vor allem staatliche Stellen setzen massiv ihre Marktmacht als Großabnehmer ein. So hat bei Schulbüchern, die im Rahmen der Lernmittelfreiheit geliefert werden, der Staat ein Nachfragemonopol und eine entsprechend starke Stellung am Markt. Auch staatliche Büchereien als wichtige Buchhandelskunden versuchen gelegentlich, zumal in Zeiten leerer öffentlicher Kassen, Preisnachlässe durchzusetzen, die über die erlaubten Sätze von 5% bzw. 10% hinausgehen. Diese Versuche, Marktmacht zur Durchbrechung der Preisbindung einzusetzen, sind nicht nur rechtswidrig, sondern auch ökonomisch kurzsichtig: Denn der Wegfall der Preisbindung käme auch die öffentlichen Hände teuer zu stehen. Die Bibliotheken müßten vor allem die wissenschaftliche Literatur teurer einkaufen als bisher und Dienstleistungen des Buchhandels, etwa bei der Zusammenstellung von Angeboten, die bisher nicht berechnet waren, künftig bezahlen. Auch stünde häufig der Aufwand, mit dem das günstigste Angebot zu ermitteln wäre, in keinem Verhältnis mehr zu dem Ergebnis dieser Bemühungen. Der Staat müßte zusätzliche Aufgaben erfüllen, wenn Bücher nach Wegfall der Preisbindung nur nach ökonomischen Gesetzen hergestellt und vertrieben würden. Er müßte die Herstellung vieler Bücher subventionieren und das Verschwinden vieler Buchhandlungen, vor allem in den kleinen Orten, durch den Ausbau des Bibliotheks-Systems ausgleichen. Heute ist der Buchhandel die einzige kulturelle Einrichtung, die keine staatlichen Zuschüsse erhält, sondern im Gegenteil aus eigenen Mitteln Beträchtliches für das kulturelle Leben leistet. Auch die Puristen der Marktwirtschaft, denen die Preisbindung wegen des Ausschlusses des Preiswettbewerbs als Fremdkörper in unserem Wirtschaftssystem nicht paßt, sollten sich damit zufriedengeben können, daß die Preisbindung nicht Ausschluß des Wettbewerbs überhaupt bedeutet. Es bleibt der Wettbewerb der Verlage um den literarischen und wirtschaftlichen Erfolg bei der Auswahl der verlegten Bücher und im Geschäftsverkehr mit dem verbreitenden Buchhandel, z. B. bei der Gestaltung von Lieferkonditionen. Es bleibt auch der vielfältige Leistungswettbewerb des verbreitenden Buchhandels bei der Führung des Geschäftes und der Auswahl des Personals, bei Zusammenstellung und Umfang des Lagers, der Besorgung nicht vorrätiger Titel, der Beratung und bibliographischen Dienstleistungen.

Es wäre auch sicher falsch, die Preisbindung als »Privileg« des Buchhandels zu bezeichnen. Gibt es doch eine Reihe anderer Bereiche, in denen ebenfalls der Preiswettbewerb ausgeschlossen ist, so etwa in der Verkehrswirtschaft, in der Landwirtschaft und im Bereich der Energieversorgung. Auch Arzneimittel haben aus gesundheitspolitischen Gründen feste Preise.

Dies Büchlein hat seine Aufgabe erfüllt, wenn es gelungen ist, beim Leser Verständnis dafür zu erwecken, daß Bücher auch zukünftig feste Preise haben müssen und daß dies im Interesse der Verlage, der Buchhandlungen, der Autoren, vor allem aber auch des Lesers selbst liegt, weil die Aufhebung der Preisbindung für Verlagserzeugnisse nachweislich sehr schwerwiegende Nachteile für Buchhandel und Publikum mit sich bringen würde.

»Goethen Tag, gnoethige Frau! Wie goeht es Ihnen?«

Jérôme Lindon: Mit der »Freiheit« der Buchpreise kommt der Tod der Literatur

Am 1. Juli 1979 wurde in Frankreich, der »empfohlene« (aber bis dahin von allen Buchhandlungen eingehaltene) feste Ladenpreis für Bücher aufgehoben. Frankreich ist damit nach Schweden (wo der feste Ladenpreis für Bücher bereits 1970 aufgehoben wurde) das zweite europäische Land, das sich – in falschverstandener »Liberalisierung« und sogar unter dem Beifall einiger Kollegen im Buchhandel – auf einen Weg hat drängen lassen, an dessen Ende nicht nur die Zerstörung einer Fülle von Buchhandlungen (und zwar der besten), sondern auch der Tod der Literatur wartet. Eine schwerwiegende Prognose – wie sieht die Begründung aus?

Am Beginn dieser Entwicklung stand 1974 der Beschluß einer großen französischen Warenhauskette, der »Fnac«, sämtliche Bücher 20% billiger zu verkaufen, was mit dem Slogan begründet wurde: »Ein Buch ist ein Produkt wie jedes andere.« Ihre Sprecher behaupteten zugleich, das Lesen von Büchern auf zweierlei Weise zu fördern:

1. Der Öffentlichkeit stünde auf ihren Ladentischen eine breitere Auswahl zur Verfügung als in den meisten Buchhandlungen.
2. Durch den Rabatt von 20% verbillige sie die Bücher, trage also zu ihrer größeren Verbreitung bei.

Ich behaupte dagegen, daß dieses System des »Discount« zum gegenteiligen Ergebnis führt:

1. Es verringert die Breite der Auswahl an Büchern.

2. Es bewirkt eine Erhöhung der Ladenpreise.

Basis für meine Behauptung ist die Frage danach, was unter einem »guten Buchhändler« zu verstehen sei. Es ist, sehr vereinfacht, derjenige, bei dem Sie, der Leser, eben das Buch finden, nach dem Sie in anderen Buchhandlungen vergeblich gesucht haben. Und warum haben Sie dort vergeblich danach gesucht? Weil es sich in den meisten Fällen um seltener verkaufte Bücher handelt, also um Bücher mit »geringer Umschlaggeschwindigkeit«, deren Verdienstspanne dem Buchhändler nicht einmal die Mietkosten für den Platz einbringen, den sie in seinem Laden beanspruchen. Und das sind viele: Nach einer groben Schätzung verursacht jedes Buch, daß sich weniger als viermal im Jahr umschlägt, erhebliche Kosten. Solche Bücher aber sind eben jene von Faulkner, Bataille, Valéry oder Conrad, von denen kein Verlag auf der ganzen Welt, sei er so groß wie auch immer, mehr als dreihundert Exemplare pro Jahr verkauft. Ein guter Buchhändler führt aber solche Titel – das entstehende Defizit kann er nur durch leichtverkäufliche und lukrative Bücher (Bestseller, Geschenkbände, Klassiker) ausgleichen.

Bei der Fnac werden aber gerade diese leichtverkäuflichen Bücher, insbesondere die teuren, gekauft: Die Käufer kommen mit fertigen Einkaufslisten von weither, um genau diese Bücher mit 20% Rabatt einzukaufen – das führte bereits 1978 dazu, daß von der bedeutendsten französischen Klassikerserie, der »Bibliothèque de la Pléiade« (Gallimard), in einer einzigen Dépendance de Fnac (der größten, in Paris) 25% des ge-

»Belletristik, Frau, schöne Literatur – das Leben ist ganz anders!«

samten französischen Umsatzes verkauft wurden.

Um zu überleben, mußten sich bereits in den vergangenen Jahren die anderen Buchhändler überwiegend den aktuellen Bucherfolgen widmen, wobei sie selbst dabei aus drei Gründen noch benachteiligt waren: Erstens ist die Umschlagsgeschwindigkeit bei der Fnac schon aufgrund der ungeheuren Größe des Unternehmens wesentlich schneller, d. h. profitabler; zweitens kann die Fnac, wiederum aufgrund ihrer Größe, in Verwaltung und Buchhaltung wesentlich billiger arbeiten; drittens rühmt sich die Fnac, nur ein »Selbstbedienungsladen« zu sein, d. h. sie bietet keine fachkundige Beratung.

Inzwischen hat sich die Situation aber wesentlich verschärft: Die Vertriebsabteilung der »Editions du Seuil« hat errechnet, daß von Erfolgsbüchern

(Auflage: über 10 000) bereits über 30% des gesamten Umsatzes durch die Fnac verkauft werden, wohingegen ihr Umsatzanteil an schwerverkäuflichen Büchern (Auflage bei 1500 Exemplaren) nur 4% des Umsatzes beträgt.

Und wenn sich künftig die Buchhandlungen, die diese 96% der »schwierigen« Literatur verkaufen, weigern, das weiter zu tun? Zyniker mögen auf Faulkner und Conrad verzichten, wollen Sie aber auch auf die künftige Literatur verzichten? Fast alle bedeutenden Schriftsteller sind beim Publikum zuerst auf Ablehnung gestoßen: Von Kafkas »Betrachtung« wurden im Erscheinungsjahr 1912 keine zweihundert Exemplare verkauft, von Becketts »Warten auf Godot« im Erscheinungsjahr 1952 ganze 125. Zwar werden die Bücher beider Autoren inzwischen millionenfach verbreitet

– entscheidend ist aber das Ersterscheinungsjahr: Verzichten wir auf die Herausgabe solcher Bücher, so töten wir das Erbe unserer Literatur im Jahr 2000.

Aber nicht nur das: Die Entwicklung wird zu einer Zerstörung des breiten Buchhandelsnetzes führen. So stieg z. B. der Anteil der Fnac am Umsatz unseres Verlages von 8% im Jahr 1974 auf einen heutigen Anteil von über 20% – und das bei einem ungefähr gleichgebliebenen Gesamtumsatz, d. h. dieser Umsatz ging den anderen Buchhandlungen real verloren. Der »Buchhändler von nebenan« verschwindet also, der Vertrieb von Büchern konzentriert sich auf Buchwarenhäuser in den Metropolen.

Wer aber kommt dahin und zu welchen Einkaufszeiten? Die Privilegierten. Und diese werden auch künftig Bücher kaufen können, die dann al-

lerdings – entgegen allen Discount-
parolen – das Doppelte kosten.
Denn das ist die zweite Folge der Aufhebung des festen Ladenpreises: die
Bücher werden wesentlich teurer,
und zwar aus folgenden Gründen:
1. Da ein großer Teil der Buchhändler (so es sie dann noch gibt) künftig keine »schwierige« Literatur
   mehr auf Lager nehmen oder sie
   gar ins Schaufenster stellen wird
   (wie es die Fnac ohnehin nicht tut,
   Schaufenster hat sie gar nicht),
   wird die Erstauflage solcher Bücher – wiederum: wenn sie überhaupt noch einen Verleger finden
   – weiter sinken, d. h. ihr Ladenpreis wird wesentlich steigen.
2. Das gilt auch für »verkäufliche« Bücher, denn inzwischen hat die
   Fnac eine derart marktbeherr-
   schende Stellung, daß sie den Ver-
   legern die Konditionen diktieren

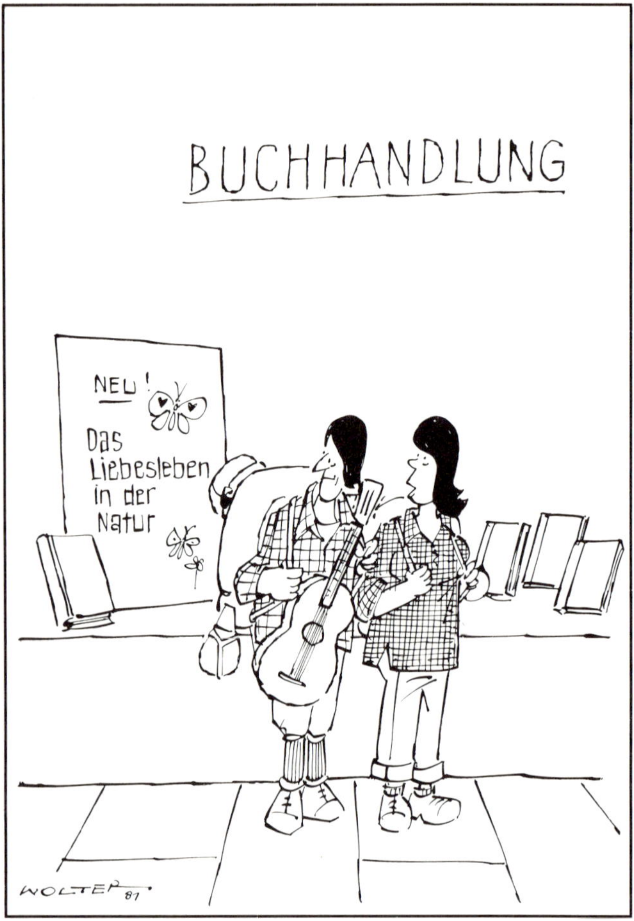
BUCHHANDLUNG
NEU!
Das Liebesleben in der Natur
WOLTER 87

kann, und das tut sie auch: ein wissenschaftlicher Verlag, der bisher selbst seinen besten Kunden nicht mehr als 31,5% Rabatt einräumte, mußte der Fnac schließlich 40% gewähren, damit diese dann ihre famosen 20% an den Käufer »weitergeben« kann.

Die Folgen mögen für den Verleger immer noch »kalkulierbar« bleiben, für den Leser sind sie es nicht. Die Antwort eines kaufmännisch arbeitenden Verlegers auf Verkaufsrückgang und Verringerung der Gewinnspanne ist selbstverständlich eine Erhöhung des Ladenpreises, was nicht nur für die Erstveröffentlichung »schwieriger« Literatur gilt (die wird er besser ganz einstellen), sondern auch für einen großen Teil der übrigen Literatur – er weiß ja, daß Studenten ihre (nicht einfach austauschbare) Fachliteratur brauchen, er weiß auch, daß ein Lyrikliebhaber, der gerne einen Band von Eluard lesen möchte, nicht aus Sparsamkeitsgründen einen von Lamartine kauft.

Ein in dieser Hinsicht »bahnbrechendes« Beispiel liegt schon vor: eine Taschenbuchserie, die überwiegend von Studenten gekauft (und bei der Fnac verkauft) wird. Der Ladenpreis des einzelnen Bandes betrug 1970 noch 7 Francs und stieg bis 1977 auf 11.50 Francs, was ganz normal ist. Dann aber wurde er plötzlich auf sage und schreibe 35 Francs erhöht! Die Studenten, die diese Bücher brauchen, sind heute natürlich mehr denn je an den »20% Rabatt« auf so teure Bücher interessiert, sie zahlen ja auch »nur« 28 Francs...

Diese Art von Roßtäuscherei hat natürlich die Fnac in ihrer Kundenzeitschrift, in der sie sonst die »üblen« Preiserhöhungen von 20 oder 30%

anprangert, mit keinem Wort erwähnt. Solche Diskretion bei einer Preiserhöhung von über 200% legt die Frage nach den Gründen nahe: Sind es die besonders fürstlichen Verkaufsbedingungen, die der Verleger der Fnac gewährt, oder legt die Fnac keinen Wert darauf, die Aufmerksamkeit auf einen Mißbrauch zu lenken, von dem sie als allererste profitiert?

Noch eine letzte Zahl. Eine Distributionsfirma, die die meisten mittleren Verlage vertritt, hatte 1978 (gegenüber 1977) einen Umsatzzuwachs von 3%. Dieser ohnehin schmale Zuwachs verdankt sich allein der Provinz, in der die Fnac bisher nur drei Dépendancen hat. In Paris hingegen ist der Umsatz um 26% gesunken, zugunsten einer Steigerung von 38% bei der Fnac.

Seit dem 1. Juli 1979 entwickeln sich

in Frankreich immer deutlicher »schwedische« Verhältnisse. In Schweden haben bis heute nur 270 Buchhandlungen die Vernichtungskonkurrenz überlebt, das heißt 130 von ihnen haben sie nicht überlebt – sie gehören inzwischen zu einer Ladenkette. Der Staat zahlt jedes Jahr höhere Subventionen, um das Überleben der noch existierenden Buchhandlungen und Verlage zu sichern, und die schwedischen Bücher sind inzwischen, wie letzthin »Publishers weekly« schrieb, die »teuersten der Welt«.

In Frankreich haben bereits die ersten Buchhandlungen schließen müssen, die unabhängigen Verlage sind in einer schweren Krise, die Autoren werden zu Duckmäusern gemacht, und niemand weiß, was Bücher kosten. Außer der Fnac (die inzwischen weitere Dépendancen er-

»Sonderbar! Es wird zwar immer weniger gelesen, aber dennoch ist der Trend zum Zweitbuch unübersehbar!«

öffnet hat). Sie kündigt »ihre« Buchpreise in großformatigen Zeitungsanzeigen an. Kommentar des Inhabers der Fnac: »Die Buchhändler haben sich selbst das Messer an die Kehle gesetzt. Der feste, für ganz Frankreich gültige Ladenpreis, das ist eben ab jetzt der Preis der Fnac.« Zivilisationen sind nicht nur sterblich, manchmal bringen sie sich auch selbst um.

Dieser Text von Jérôme Lindon, Leiter der »Editions de Minuit«, eines der angesehensten französischen Verlage, wurde zuerst als Rede für ein Colloquium »Perspektiven des Buches und seiner Verbreitung« konzipiert. Die darin angegriffene Warenhauskette »Fnac« verklagte daraufhin Lindon wegen »Geschäftsschädigung« und erreichte auch seine Verurteilung. Das ändert nichts an der Richtigkeit der Thesen, die Lindon für die deutschen Leser leicht ergänzte und aktualisierte.

Der muß eben ein paar Büchlein lesen

Auf dem Kulturmarkt wird eine Ware produziert, für die (wenn ich mich auf die »Ware« beschränken darf, auf die es wirklich ankommt: also die extremen, innovativen Fälle in Belletristik und Wissenschaft) im Moment des Erscheinens so gut wie kein »Bedarf« vorhanden ist. Das heißt, Verleger und Buchhändler müssen prognostisch arbeiten in der Hoffnung, es werde sich später ein »Bedarf« einstellen.

Dieses hohe berufsnotorische Risiko ist auch der Grund dafür, daß das Buchgewerbe bisher vom Druck des großen Kapitals vergleichsweise frei geblieben ist – große Gewinne werden nur im parasitären Sektor gemacht: in den Buchgemeinschaften und im Taschenbuchlizenzgeschäft.

Im übrigen aber sind die Profite klein: Wer Geld verdienen will, investiert woanders.

Dadurch blieben im Buchhandel bisher genau die Freiräume und Spielplätze frei, die die Kultur unbedingt braucht, denn jeder Verlag und jeder Buchhändler, der seinen Beruf einigermaßen ernst nimmt, weiß, daß ein gutes Drittel des Produzierten oder Verkauften Verluste bringt, ein weiteres Drittel deckt etwa die Kosten, und das letzte Drittel führt eben jene windigen Extraprofite ein, die am kulturell wichtigen Ort zugebuttert werden müssen – und eben dazu ist der feste Ladenpreis notwendig, weil hier die notwendige Mark aufgeschlagen werden kann. Wer die Gehälter von Buchhändlern kennt (zwischen 1800 bis 2400 Mark), der weiß ohnehin, wo diese Mark hingeht: ins Lager.

Mit anderen Worten, die Verbreitung von Kultur braucht zweierlei:

1. Ein paar verschrobene Individuen, die den geringen Grad der Entfremdung in ihrem Beruf so hoch schätzen, daß sie Informationen darüber, anderswo werde mehr verdient, eher erheitern.

2. Eine förmlich gesellschaftliche Einsicht, daß Kultur derart gesellschaftsprägend und zukunftsbestimmend ist, daß sie sowohl aus den Planierabsichten des Kapitalismus wie aus den Regulierwünschen des Staates herausgehalten werden muß.

Wie sieht's aber mit letzterem bei uns aus? Da sitzt die Bourgeoisie doppelt in der Klemme: Sie muß zugeben, daß die Kultur vom System zerstört wird, sie muß also systemkonträre (denn nichts anderes ist der feste Ladenpreis) Maßnahmen zu ihrem

Schutz billigen oder fördern. Und sie hat zweitens längst das Leitbild der »gebildeten Persönlichkeit« als Voraussetzung für die Zulassung zur herrschenden Klasse aufgegeben: kulturelle oder politische Leere in den Köpfen führender Leute fällt heute gar nicht mehr auf. (Die Linke kann solche Leere übrigens nicht freuen: Sie hat nicht nur die Tendenz, sich allgemein zu verbreiten, sie tut's schon mehr als tendenziell.)

Deswegen veröffentlichen wir hier die Thesen von Lindon, weil auch in der BRD der feste Ladenpreis für Bücher (nachdem seine geplante Aufhebung Ende der sechziger Jahre schon einmal diskutiert wurde) neuerdings wieder von neunmalklugen Liberalisten gefordert wird. Sie sollen sich, bitte, das schwedische Beispiel vor Augen halten: Ein Staatsverlag für experimentelle Literatur oder für Bücher mit neuen politischen oder wissenschaftlichen Perspektiven – ist das ihr Gusto? Deswegen sei den Radikaldemokraten und allen, die auch nur ein Stück weit über den täglichen Groschen hinausdenken, folgende »Zusammenrottungsstrategie« empfohlen:

1. Öffentlicher Widerstand bei jedem versuchten staatlichen Zugriff auf Verlage oder Buchhandlungen.
2. Freundliches und solidarisches Verständnis für Sinn und Ziel des festen Ladenpreises im Buchhandel.
3. Boykott von Zeitungen, die nicht ausführlich und korrekt über Fragen der Kultur informieren.
4. Kauf nur in Buchhandlungen, die ein demokratisches, umfangreiches Lager führen: Der Buchhändler, der einen Gedichtband eines

jungen deutschen Autors oder ein schwieriges politisches Buch führt – das ist unsere Frau, unser Mann.

5. Jeder sollte in Fragen von Literatur, Kunst und Politik mitreden dürfen. Eine Gesellschaft, die sich nur noch über Wurstpreise verständigt, entwürdigt sich selbst. Wer sich aber auch über anderes verständigen will, der muß eben ein paar Büchlein lesen (und die haben ihren festen Ladenpreis).

Klaus Wagenbach

Philipp Erasmus Reich: Circular an die Herren Buchhändler, welche die Leipziger Messen besuchen Jubilate-Messe 1764

Ph. E. Reich (1717–1787) ist Geschäftsführer, später Inhaber der Weidmannschen Buchhandlung in Leipzig gewesen. In ihm, dem »Fürsten des deutschen Buchhandels« seiner Zeit, sehen wir die erste Persönlichkeit, die sich nachhaltig und mit – zumindest zeitweiligem – Erfolg um eine Zusammenfassung des Buchhandels bemühte. Für ihn war es eine Frage der Moral, wie mit der Preisgestaltung von Büchern umgegangen wurde:

»Dem sich selbst entehrenden Theile der Buchhändler sind dieße Betrachtungen nicht gewidmet. Das Schwein

».... das Musikzimmer meines Mannes!«

wird seine Nahrung immer in dem Unflathe suchen, und der Mohr wird niemals weiß zu waschen sein. Nur denen Männern, welche noch Tugend und Laster unterscheiden; die noch fühlen, daß bloß vernünftige Einrichtungen, weise Geseze, das Wohl einer jeden Sache gründen; daß man in der Folge durch Redlichkeit weit mehr gewinnet, als durch alle Subtilitäten und durch solche Handgriffe, die dem Betrug so nahe kommen, und mit ihm einerlei Abscheu verdienen; nur diesen, sage ich, übergebe ich gegenwärtige zufällige Gedancken. –

Ehedem hatte man einen Grundsatz, nach welchem ein jeder Buchhändler den Werth seiner Verlagsbücher bestimmete; man wußte nichts von verschieden Preißen, noch denjenigen Betrügereien, die uns jetzt so offt zur Last und Eckel werden. Aber warum sezen wir hier nicht Gräntzen? warum verbinden wir uns nicht gegen die Uebertreter? warum legen wir nicht eine Art von Schande auf diejenigen, welche sich dergleichen Abweichungen theilhafftig machen? warum laßen sich andere durch böse Exempel, und um ein übelverstandenes Recht der Wiedervergeltung auszuüben, hinreißen, und warum geben wir nicht vielmehr durch *gute* Exempel der Buchhandlung die Ehre wieder, die sie gröstentheils verlohren hat? Warlich, wenn der redliche Theil der Buchhändler unter sich selbst einig ist, wenn wir unabweichliche Gesetze annehmen; so wird sich bald eine glückliche Aenderung zeigen; das Ungeziefer auf der Buchhandlung wird abnehmen, und mit ihm viele Plagen, die uns bißher so sehr beunruhiget haben.

Adolf Kröner
Die Folgen der Schleuderei
Aus der Ansprache auf der
Hauptversammlung des
Börsenvereins am Sonntag
Cantate, dem 11. Mai 1884
zu Leipzig

Adolf Kröner (1836–1911), eine der führenden Verlegerpersönlichkeiten der zweiten Hälfte des 19. Jahrhunderts, begründete 1859 in Stuttgart einen eigenen Verlag, 1878 kaufte er die J. G. Cottasche Verlagsbuchhandlung. Er war erster Vorsteher des Börsenvereins in den Jahren 1882–1888 und 1889–1892.

Im Laufe des 19. Jahrhunderts war der Buchhandel wirtschaftlich durch Preisschleuderei zahlreicher besonders geschäftstüchtiger Firmen in Schwierigkeiten geraten, die na-

mentlich das kleinere Sortiment au-
ßerhalb der Großstädte auf das äu-
ßerste bedrohten.

Zunächst versuchte man, der Übel-
stände auf örtlicher und regionaler
Basis Herr zu werden. Diese Anstren-
gungen blieben jedoch erfolglos.

Kröner führte – gegen den anfängli-
chen Widerstand namentlich der
Verleger – Reformen durch, die dem
Börsenverein die zur Überwindung
der Schwierigkeiten notwendigen
Befugnisse gaben: Feststellung allgemein gültiger Bestimmungen zunächst für den Verkehr der Buchhändler untereinander und – später –
der Buchhändler mit dem Publikum.
Verstöße gegen diese Ordnung
konnten auf Grund neuer Satzungs-
bestimmungen durch Ausschluß aus
dem Börsenverein geahndet werden.

Diese Bestimmungen wurden später

in der »Verkehrs- und Verkaufsordnung (VVO)« zusammengefaßt. Teile dieser VVO finden sich noch heute in der Satzung des 1963 gegründeten »Verein für Verkehrsordnung«.

Kröner, der »Bismarck des deutschen Buchhandels« genannt, ist also der Begründer unseres heutigen »festen Ladenpreises«, auf ihn geht die Kodifizierung der heute noch im Buchhandel üblichen Handelsbräuche zurück.

Der hier abgedruckte Teil aus Kröners Ansprache auf der Hauptversammlung Cantate 1884 enthält den Kern der Überlegungen, die die von ihm angestrebte und schließlich durchgeführte Reform notwendig machten.

Diese kurze und konzentrierte Darstellung hat heute noch Gültigkeit wie vor 80 Jahren; sie zeigt den festen Ladenpreis als Grundwurzel der Existenz eines leistungsfähigen Buchhandels – und zwar des Buchhandels nicht allein als Wirtschaftszweig, sondern als literarische Institution.

»Die Schleuderei im Buchhandel, d. h. der Verkauf neuer Bücher an das Publicum zu Preisen, bei welchen nach dem Urtheil unparteiischer Sachverständiger ein solider, über das ganze deutsche Sprachgebiet verbreiteter Sortimentsbuchhandel nicht mehr bestehen kann, ist in ihren Consequenzen gleich nachtheilig für Schriftsteller, Bücherkäufer und Verleger.
Der Verleger erhält zwar größere Bestellungen von den Schleuderern; aber naturgemäß verringern sich dadurch nicht nur die Bestellungen der übrigen Sortimenter, sondern eine weitere unausbleibliche Folge ist die Schädigung und Vernichtung der dem Verleger zur gleichmäßigen Ver-

»Warum schreiben Sie eigentlich ein Buch? Sie haben doch schon so viele!«

breitung seines Verlages, insbesondere der Novitäten, nothwendigen
Organisation des Sortimentsbuchhan-
dels.

Der Bücherkäufer erhält zwar einzel-
ne Bücher zu billigeren Preisen, wird
aber mit der Zeit auf den Hauptvor-
theil, welchen ihm die gegenwärtige
Organisation des deutschen Buchhandels gewährt, verzichten müssen: auf
den Bestand von Bücherlagern auch
in kleineren Städten, auf die Möglichkeit, jedes neu erscheinende Buch
überall rasch und kostenlos zur Einsicht zu erhalten.

Die Schriftstellerwelt endlich wird, da
die Schleuderer in der Hauptsache
nur die Werke bereits accreditirter
Autoren vertreiben können, die mü-
hevolle und wenig lohnende Einführung der Werke wenig bekannter
oder unbekannter Autoren aber den
übrigen Sortimentern überlassen

müssen, nach der durch die Schleuderer erfolgten Verdrängung der Letzteren mit weit größeren Schwierigkeiten bei der Publication ihrer Werke zu kämpfen haben, und manchem aufstrebenden Talent wird so zum Schaden unserer Literatur der Weg zur Öffentlichkeit versperrt werden.«

»Dabei zeigt er andererseits oft eine erstaunliche Intelligenz;
so kann er beispielsweise sämtliche TV-Werbespots
auswendig aufsagen!«

Zu guter Letzt noch ein paar verball-
hornte Titel aus dem Buchhändler-
Alltag:

Emilia Galoppi (Emilia Galotti)

Die Petersilie von Kleist (Penthesilea)

König Lehar (König Lear)

Nietzsche, Tragödie der Geburt
(Geburt der Tragödie)

Mörike, Die schöne Limusine
(Melusine)

Fallada, Wer einmal in den Fettnapf tritt
(Wer einmal aus dem Blechnapf frißt)

Gothaischer Gynäkologischer
Kalender (Genealogischer)

Albrecht Goes, Chemie des Darmes
(Chemin des Dames)

Wir Maler (John F. Knittel, Via Mala)

Maiers Schulrat (Maria Stuart)

Führen Sie Salon-Dichtungen
(Solon, Gedichte)

Die bisher erschienenen Galgenbüchlein

Frech und klassisch, lustig und böse, Politik von heute und Satire von gestern, literarischer Nonsens und böse Ausschnitte unserer Wirklichkeit, Zeitgenossen abgelauscht und Medienarbeit aufs Korn genommen, Zitate von Klassikern einmal anders und literarische Appetithäppchen, kurz: gemein und böse, unterhaltsam und frech, hintersinnig und fröhlich, ganz kurz: klein aber fein und immer für 'nen Heiermann (= 5,— DM pro Büchlein)

Christian Morgenstern
Galgenlieder

Heinrich Heine
Nachtgedanken

Wilhelm Busch
Lumpenlieder

Go Down, Spirituals
Von D. und K. Huthmacher liebevoll illustriert.
Mit Noten.

Ich geh kaputt, gehste mit?
Sponti-Sprüche I
Hrsg.: Willi Hau

Es wird Zeit, daß wir lieben
Sponti-Sprüche II
Hrsg.: Willi Hau

Winfried Thomsen
Radikalauer
Sprüche zu Politik und Gesellschaft

Fundsachen
Die besten aus der Dauer-rubrik im »Stern«

Nikolaus Jungwirth/Gerhard Kromschröder
Vorher — Nachher
Die Wirklichkeit übertrifft die Satire

Gerd Wollschon
Der Duft von Freiheit und Adenauer
Ein starkes SPD-Stück

Anarcho-Sprüche
Hrsg.: Karlhans Frank

Ich, Martin Luther
Starke Sprüche über Pfaffen, Weiber undsoweiter
Ausgewählt von
Arnulf Zitelmann

Anschläge der Unternehmer
Was Unternehmer alles von sich geben
Hrsg.: Jürgen Mechelhoff

Babs mit Straps
Gereimte Kontaktanzeigen, Liebeslyrik und vieles mehr
Hrsg. Jens P. Jansen

François Villon
Lasterlieder

Dieter Wallenfels
Das Büchlein der Bücher oder
Warum ich preisgebunden bin

Eichborn Verlag, 6000 Frankfurt 70